Poems to Ana

CW01498109

Bilingual Edition

Miguel Carvalho Abrantes

This is a bilingual edition of "Poemas a Ana" (or, in English, "Poems to Ana"), containing the original fourth edition text in Portuguese, with a facing English translation of each individual poem. Both as an author and a translator, I tried to retain the overall sense of the original, more than the exact words.

Why should you read this book, and its imperfect translations? Like in the original edition, I feel that readers should know about the story behind it – somewhere in the journey of my life I met a woman I always called "Ana Limão". The poems I wrote for her, and which she once asked me to publish for her birthday, were an attempt to immortalize her genuine beauty, her tender complexity and, at the same time, complex perfection, in the form of verses. Ultimately we could never be together – life is not a fairy tale, I'm not Lancelot and she is not Guinevere, despite my unusual promise to her – but my hope is that, whenever things aren't going very well in people's lives, these poems may bring a genuine smile to them. Feel free to share them.

Miguel Carvalho Abrantes

Index

0

Um sorriso nesses ternos lábios, Ana,
Vale ouro e prata e riquezas eternas
Mas valeria ainda mais se teus sós olhos
Não chorassem sob a luz de uma alva lua.

Teu rosto é mais raro que o da papisa
E teus cabelos cantam cantigas modernas
Mas tuas mãos adornam teu corpo de folhos
E trazem inveja à mais bela de qualquer rua.

Ana, se pudesse mudar o céu e a terra,
Ou ter todos os dons que os deuses criaram,
Nada mais pediria que tua felicidade;

Ana, pudesse eu alterar o passado ou o futuro,
Ou ver tudo o que os humanos até hoje amaram
E nada mais pediria que tua verdade.

A smile in those tender lips, Ana,
Is worth gold and silver and eternal riches
But it'd be worth even more if your lonely eyes
Did not cry under the light of an alb moon.

Your visage is rarer than the popess'
And your hair sings modern songs
But your hands adorn your body with frills
And bring envy to a street's most beautiful woman.

Ana, if I could change the heaven and the earth,
Or have all the gifts the gods created,
I would ask for nothing else except your happiness;

Ana, could I change the past or the future,
Or see everything that humans have loved so far
And I'd ask for nothing else besides your truth.

2 de 4 -----

Branca no escuro desta floresta negra
E sentada nas movíveis areias do passado
Chora a mais bela de todas as raparigas
Por todos os pecados que jamais cometeu.

Brilham na escuridão seus cabelos negros
E prostrada na sua mais terna solidão
Chora ela por ter amado mais que Julieta
Naquilo que sonhava como um amor infinito.

Em suas mãos quebradas gela o anel cinzento
E sente cada sulco da friamente eterna pedra
Mas não cessam as lágrimas excepto ao sonhar
Que cada dia voltará a ser o que já foi.

Olhando então o céu estrelado da suave noite
Vinga a dor sentando-se no mais afastado penedo
Como quem, só e não mais que bela, sonha e ama sonhar
Que a felicidade não é um mito, mas um hoje e agora.

White in the dark of that black forest,
And sitting in the quicksands of the past
Cries the most beautiful of all the girls
For all the sins she never committed.

Her black hairs sparkle in the darkness,
And prostrated in her tenderest loneliness
She cries for having loved more than Juliet
In what she dreamed to be an infinite love.

In her broken hands the gray ring freezes
And feels every furrow of the coldly eternal stone,
But the tears don't cease except by dreaming
That each day will go back to what it once was.

Looking at the starry sky of the soft night
She avenges the pain by sitting on the furthest boulder,
As someone who, alone and no more than beautiful, dreams and loves
to dream
That happiness is not a myth, but a today and now.

3 de 4 -----

Num dia de minha vida um génio deu-me três desejos
E todos três para te criar perfeita foram usados
Mas nem os deuses saberiam que, mesmo perfeita,
Os homens jamais saberiam apreciar cada teu gesto.

Se por Helena mil navios foram lançados em Ílion
E mil heróis morreram e outros mil choraram aos deuses
Como pode este mundo entender que em teu seio
Habite a mais nova Helena e a mais bela mulher?

Choro, portanto, por tua beleza ser tão infinita
Que os homens a desejem e a repugnem a um mesmo tempo
E te descartem como irreal e demasiado infeliz
Somente por seres aquela que és e sorrires como sorris.

Mas me desse o génio um quarto desejo, coisa irreal,
E todos meus pedidos seriam resumidos num deles só;
Queria que sorrisses cada dia desta tua bela vida
Pois acredites ou não, mereces ser a mais nova Vénus.

In a day of my life a genie gave me three wishes
And all three were used to make you perfect
But not even the gods would knew that, even perfect,
Men would never know how to appreciate each of your gestures.

If for Helen a thousand ships were launched in Ilion
And a thousand heroes died and another thousand cried to the gods,
How can this world understand than in your bosom
Lives the newest Helen and the most beautiful woman?

I cry, therefore, for your beauty being so infinite
That men wish it and reject it at the same time,
And discard you as unreal and too unhappy,
Solely for you being the one you are and smiling the way you do.

But if the genie gave me a fourth wish, an unreal thing,
And all my requests would be resumed in a single one;
I would want you to smile each day of your beautiful life
Because, believe it or not, you deserve to be the newest Venus.

6

No céu vejo Cassiopeia, e a Hidra, e Quíron, e a balança,
E o infame caranguejo, e o leão que habitava Nemeia,
Mas por mais que eu olhe para o negro céu desta redonda serra
O que não consigo discernir na minha noite é a tua existência.

Se até Herácles foi aí colocado após seus muitos trabalhos
Como podem os deuses não deixar que os teus aí estejam
Coroados pelas lacrimosas ilusões que em teu seio suscitaram
Aqueles que despertam teu amor sem intenção de te amar?

E vivem eles felizes como se nada fosses ou não existisses
Quando tuas lágrimas não cessam pelos erros alheios
Dos homens para quem a paixão é só palavra e o amor acto
Que repetem a todas que se lhes cruzam a cada dia e hora.

Não chores, Ana, porque divina em tua beleza, em teu charme,
Em teus actos e palavras, quem te faz sofrer é um cego
Não dos olhos mas da alma, já que tocar teu coração é uma honra
Reservada a todos aqueles que querem um futuro e não uma noite.

Vendo então o céu, sonho que um dia alguém seque essa dor
Que em todo teu corpo habita e em toda tua alma não cessa,
Para que nesse dia feches os olhos, suspires, e entendas...
Entendas que o amor é de quem te ama e não de quem te escolhe ao
luar.

In the sky I see Cassiopeia, and the Hydra, and Chiron, and the scale,
And the infamous crab, and the lion who inhabited Nemea,
But no matter how much I look into the dark sky of this round
mountain
What I cannot discern in my night is your existence.

If even Heracles was placed there after his many labors
How can the gods not let yours be there too,
Crowned by the tearful illusions raised in your bosom
By those who awakened your love without the intention of loving
you?

And they live happy, as if you were nothing or you didn't exist
When your tears don't cease for the errors of others,
Of those men for whom passion is just a word and love an action
That they repeat to all of those who cross their path at each day and
hour.

Don't cry, Ana, because divine in your beauty, in your charm,
In your actions and words, whoever makes you suffer is blind
Not of the eyes but of the soul, since touching your heart is an honor
Reserved to all of those who want a future and not one night.

So watching the sky, I dream that one day someone will dry that pain
That in your body lives and that in your soul does not cease,
So that, in such a day, you close your eyes, you may sigh, and
understand...
Understand that love is of whom loves you and not from whoever
picks you under the moonlight.

Castanhas caem em teu verde jardim
Essas folhas de teu ténue regaço
Como quem anseia um mais doce enlaço
Cujo universo nunca leve a um fim.

E chovem essas pétalas de delfim
Na pele branca e negra de teu espaço
E voam para teus lábios, como um laço,
Os beijos que deles fazem doce clarim.

Olha-os Cristo nesse seu altar malsim
Enquanto o trai Judas em seu abraço
E cantam nos céus os anjos de embaraço
Por esses teus passados olhos carmesim.

São então três as cores desse teu mundo;
A quarta é a da tua mais frágil alma
Que em teu nu ombro direito nos sorri.

São então dois os teus sorrisos de fundo
Nessa tua mais frágil vontade e calma
Habitantes dessa tua perfeição que vi.

Brown fall in your green garden
Those leaves from your tenuous lap
As someone who longs for a sweeter bond
Which the universe never takes to an end.

And rain those petals of a dauphin
In the white and dark skin of your space
And fly for your lips, like a bow,
The kisses which make them a sweet clarion.

Christ looks at them in that bad altar of his,
While Judas betrays him in his embrace
And, embarrassed, sing the angels in the heavens
For those past crimson eyes of yours.

Three are then the colors of that world of yours;
The fourth is the one of your most fragile soul
Which smiles to us in your naked right shoulder.

Two are then the background smiles of yours
In that fragile will and calm
Inhabitants of that perfection of yours I saw.

Desse teu rosto escrevo eu o infinito
Que de tuas frágeis mãos vendem atrito
E aos teus lábios dão esse ar adstrito;
Emprestas teu cabelo às fadas do luar
Como quem ama a maior clareza do solar
Que em teu seio sempre anseia flutuar.

Vissem os deuses teu rosto circunscrito
E também eles fariam a teu corpo escrito
Dos pobres mortais esse maior favorito,
Que nessa tua nobre alma de lua a minguar
E nesses teus olhos com beleza a pontuar
Fazem de ti tão frágil e terrível jaguar.

Ó musas do Olimpo, vissem vocês a carência
De cada gesto que a habita, docemente gloriosa,
E veriam que servem do seio a Hera errada.

Ó musas do Olimpo, vissem vocês a demência
Que nesta minha alma insiste em viver, chorosa,
E a minhas lágrimas anunciariam nova alvorada...

Of that visage of yours I write the infinity
Which from your fragile hands sell friction
And to your lips give that restricted look;
You lend your hair to the fairies of the moonlight
As someone who loves the bigger clarity of the sunlight
Which in your bosom always longs to float.

Were the gods to see your circumscribed face
And they too would make to your written body
Of the poor mortals that biggest favorite,
Which in that noble soul of waning moon
And in those eyes with punctuating beauty
Make a fragile and terrible jaguar out of you.

O muses of the Olympus, were you to see the neediness
Of each gesture who inhabits her, sweetly glorious,
And you'd see that you serve the passion of the wrong Hera.

O muses of the Olympus, were you to see the dementia
That in this soul of mine insists on living, mournful,
And to my tears you'd announce a new dawn...

Desses teus tácitos pés a água tocante
Se aproxima como da nascida Afrodite,
E molha esse teu glorioso altar amante
Como das antigas sereias um novo convite.

Do mar se confundem as ondas da consoante
Que aos ventos grita meu peito de pirite,
Triste por esse teu silêncio cachoante
Nas trevas dessa tua praia de elite.

E vão e vêm as ondas como tua dor andante
E cada novidade vai e volta com Anfitrite
Pois divinas são tuas ondas de mar calmante
E mais que ouro valem teus olhares de Judite.

Dois vês me atormentam, tão cegamente justo,
Essa imparcial dupla da tua ténue perfeição
E me encantam mortalmente por teu ser augusto.

E como o mar cresce a tão dolorosa lição
Que esse teu cabelo tão ventoso e robusto
Põe nas lágrimas de meu olhar de contrição.

From those tacit feet the touching water
Approaches like to newborn Aphrodite,
And wets your glorious lover altar
Like a new invitation from the ancient sirens.

From the sea are confused the waves of the constant
Which to the winds my pyrite chest screams,
Sad for your boiling silence
In the darkness of your elite beach.

And they come and they go like your walking pain
And each novelty goes and comes with Amphitrite
Because divine are those waves of calming sea
And your glances of Judith are worth more than gold.

Two *vees* torment me, so blindly just,
That impartial double of your tenuous perfection,
And charm me mortally for your august being.

And like the sea grows the so-painful lesson
That your hair, so windy and robust,
Puts in the tears of my look of contrition.

Nessa mesa de pedra redonda eu te vejo,
Cansada por essa perda de amor rendado
E temo não estar sentado a teu lado
Para apagar cada lágrima pelo amado.

Perdão peço eu e pede este frágil mundo
Por cada dor causada a teu peito de Fénix;
Perdão pela burrice, pela mentira,
Perdão por existir um mundo onde chores.

E nessa mesa de redonda pedra tu existes
Como mais uma que anseia pela verdade
E de teu lado me abeiro tristemente
Por saber que em teu corpo a dor habita.

Perdão, perdão por este mundo falso,
Que um mentiroso Demiurgo a nós nos deu;
Perdão pelas estrelas que adornam o céu,
Mas até elas choram por tua beleza e dor.

In that table of round stone I see you,
Tired from that loss of lacy love
And I fear not being sitted at your side
To erase each tear for your beloved.

I ask for forgiveness and so does this fragile world,
For each pain caused to your Phoenix's breast;
Forgiveness for the stupidity, for the lying,
Forgiveness for the existence of a world in which you cry.

And in that table of round stone you exist
Like one more who is eager for the truth
And to your side I approach sadly
For knowing that in your body lives pain.

Forgiveness, forgiveness for this false world,
That a lying Demiurge gave to us;
Forgiveness for the stars that adorn the sky,
But even they cry for your beauty and pain.

Fito esses teus lábios preto e prata,
E teus cabelos pelo vento intocados;
Vejo tuas mãos tão fragilmente tímidas
E teus olhos fitando um tempo sem data;
Olho esses teus ombros por muitos amados
E em toda ti reluzem as luzes híbridas.

De tua alma chove o pensamento nessa mata
Como os demónios por Salomão invocados,
A cada dia crescendo nas mãos lívidas
De quem não faz o que quer e nem mata
Aqueles que em seus sonhos açucarados
Insiste em verter essas águas ríspidas.

Sonha então esse teu vultoso olhar;
Do quê não sei eu, sabe quem tu seguras
Entre esses teus dois seios de amar
E de dor repletos, e de fúrias duras
Nasce de Ícaro a vontade de te voar
Até ao Olimpo dessas tuas apagadas verduras.

I glance at those lips black and silvery,
And at your hair untouched by the wind;
I see your hands so frailly shy
And your eyes glancing a time without date;
I look at those shoulders loved by many
And in all of you sparkle the hybrid lights.

From your soul rains the thought in that wood
With the demons summoned by Solomon,
Each new day growing in the livid hands
Of the one who neither does what she wants nor kills
Those who in their sugary dreams
Insist on leaking those harsh waters.

So dreams your bulky glance;
I know not of what, only the one you hold
Between those two loving breasts
Filled with pain does, and from rough furies
Is born of Icarus the will of flying you
Towards the Olympus of your extinguished greens.

Na morte de Agamemnon chorou Cassandra;
Na de Pátroclo lamentou-se nobre Aquiles;
Por Herácles na pira cantou o pobre Iolau;
E aos céus foram por ti elevados os três.
Nasceu Zeus perto do nobre Monte Ida
Como tu desse ventre dessa tua mãe,
Mas divina nos ossos de teu corpo nú,
Subirias mais alto tu, amante, que ele.
Cantam deles os poemas as aventuras,
Mas das tuas estão eles tão calados;
Quão injustas as leis desses deuses
Que vêem o futuro mas não o presente.
Chorem então Afrodite, Creusa e Medeia,
Pelos muitos crimes que já cometeram
Mas teus olhos secos sejam, hoje e sempre,
Pelos encantos de Mercúrio dos ágeis pés.
Calem-se as musas, ó homens deste hoje,
Se cantarem de um passado lendário,
Pois a maior lenda está aqui e agora
Nesse teu corpo que habitas, ó Ana.

In the death of Agamemnon Cassandra cried;
In the one of Patroclus lamented the noble Achilles;
For Heracles in the pyre sang poor Iolaus;
And to the heavens were the three elevated by you.
Zeus was born near the noble Mount Ida
Like you from the bosom of your mother,
But divine in the bones of your naked body,
You'd be risen higher, lover, than him.
The poems sing of their adventures,
But they are too quiet about yours;
How unfair are the laws of those gods
Who see the future but not the present.
So cry Aphrodite, Creusa and Medea,
For the many crimes they already committed
But let your eyes be dry, today and always,
For the charms of Mercury of the agile feet.
May the muses shut up, o men of today,
If they sing of a legendary past,
Because the biggest legend is here and now,
In that body you inhabit, o Ana.

Julgavas dele ser o oráculo
E dona de tudo aquilo que vias
E senhora desse corpo máculo
Mas devias era ter visto nas linhas que lias
O quão só estavas em tuas melodias
De beleza sem nada de igual.
Não és essa faltosa desigual
Que tanto pintas magoada
E que vive em casa fechada.

Julgavas ser mentira sem asas
Ou uma poética diva desdita
Mas não olhas para a tua escrita
Fabulosa e maldita.

Julgavas ter a pele que acarreta
E nesse corpo tanto anseia viver.
Mas na verdade, queres é tecer
Em sonhos essa recta
Que tanto no corpo te faz doer.

E hoje o que és?
Um corpo que ele não amou
Mais frágil que amável
Nos olhos dele, a desejável
Que nas asas do sonho voou.

You thought you were his oracle
And owner of everything you saw
And mistress of that defiled body
But instead you should have seen in the lines you read
How lonely you were in your melodies
Of beauty with no equal.
You are not that uneven and faulty person
That you so much depict hurt
And who lives closed at home.

You thought you were a lie without wings
Or an unfortunate poetical diva
But you don't look at your own writing,
Fabulous and damned.

You thought you had the skin which entails
And in that body so longs to live,
But truly, what you want is to weave
In your dreams that straight line
That makes your body hurt so much.

And today what are you?
A body which he did not love
More fragile than loveable
In his eyes, the desirable one
Who flew in the wings of a dream.

Cantam de Baco aqueles crentes
E das relíquias de seu vinho
Mas dessa dor que tu sentes
Canto eu com a gentileza do linho.

Cantam de Baco aqueles crentes
E da doçura de seus encantos
Mas da beleza de tuas lentes
Gritam minhas palavras aos santos.

Cantam de Baco aqueles crentes
E tu sempre me respondes calada
Cantem eles dos seus muitos entes
Que eu canto é de uma amada.

Those believers sing of Bacchus
And of the relics of his wine
But of that pain you feel
I sing of with the gentleness of flax.

Those believers sing of Bacchus
And of the sweetness of his charms
But of the beauty of your lenses
Scream my words to the saints.

Those believers sing of Bacchus
And you always answer me mute
May they sing of the many they know
While I sing of a beloved one.

Sonho com aqueles dois portões
De marfim e de corno
Sonho com essa tua divina figura
Que de um deles me ataca.

Sonho sentar-me a esse teu lado
E limpar-te o rosto
Sonho sentar-me onde te possa ver
E ouvir cada tua dor.

Sonho com aquele lugar tão mágico
Que me atormenta
Sonho lá ter-te e a mim também
Por ser louco apenas.

Sonho contigo e com a águia de Zeus
Voando sobre mim
Sonho com essa divina ambrósia
Que verte sobre teus lábios.

Mas acordo pelo portão da esquerda
E vejo-te ausente
Acordo nessa fantasia de um louco
Que proteger-te queria.

I dream of those two gates
Of ivory and horn
I dream of your divine figure
Who attacks me from one of them.

I dream of sitting next to you
And cleaning your face
I dream of sitting where I can see you
And listen to your every pain.

I dream of that place so magical
That torments me
I dream of having you there and me too
Just because I'm crazy.

I dream about you and Zeus' eagle
Flying over me
I dream of that divine ambrosia
Which leaks over your lips.

But I awaken by the left gate
And I see you absent
I awaken in that fantasy of a madman
Who wanted to protect you.

Dançam os esqueletos o Saltarello
No cemitério desta minha esquina
E celebram terem escapado do mundo
Que tanto lhes fazia sofrer de dor.

Dançam os esqueletos o Saltarello
No cemitério desta minha esquina
E recordam quando temiam o deus
Que em seu seio saltava com eles.

Dançam os esqueletos o Saltarello
No cemitério desta minha esquina
E riem dos que dormem a seu lado
Vivos no calor de cada nova noite.

Dançam os esqueletos o Saltarello
No cemitério desta minha esquina
E vivem o cortejo dos cantores
Animais humanos que os acompanham.

Dançam os esqueletos o Saltarello
No cemitério desta minha esquina
E cantam a letra a seu novo gosto
De quem lhes toca cada dia florente.

Dançam os esqueletos o Saltarello
No cemitério desta minha esquina
E vêem-me a espreitar de minha casa
Como quem espreita de sua torre.

Dançam os esqueletos o Saltarello
No cemitério desta minha esquina
E notam mais uma noite a terminar
De passar no céu com a lua e o sol.

Dançam os esqueletos o Saltarello
No cemitério desta minha esquina
E voltam a suas campas de terra nova
A dor de terem os vivos em seu pé.

The skeletons dance the Saltarello
In the cemetery of my street corner
And celebrate having escaped the world
Which so much made them suffer in pain.

The skeletons dance the Saltarello
In the cemetery of my street corner
And they remember when they feared the god
Which in their bosom jumped with them.

The skeletons dance the Saltarello
In the cemetery of my street corner
And they laugh of the ones sleeping by their side
Alive in the heat of each new night.

The skeletons dance the Saltarello
In the cemetery of my street corner
And they live the procession of the singers
Human animals who accompany them.

The skeletons dance the Saltarello
In the cemetery of my street corner
And sing the lyrics to the new taste
Of whoever touches them each flourishing day.

The skeletons dance the Saltarello
In the cemetery of my street corner
And they see me peeking from my house
As one who looks down from his tower.

The skeletons dance the Saltarello
In the cemetery of my street corner
And they notice one more night ending
Its passage through the sky with the moon and the sun.

The skeletons dance the Saltarello
In the cemetery of my street corner
And they return to their graves of fresh earth
The pain of having the living next to them.

Quando olhas tu as ondas do mar
E te olha esse teu mar de volta
Quem olha quem, e quem é olhado
Nesse teu mundo de paz amado?

Quando tocas uma castanha folha
E ela o frio de tuas mãos sente
Quem é mais feliz, esse universo
Ou quem te pode ver a seu lado?

Quando afastas teu rosto tímido
A esse teu lado habita o vento
E se te toca ele essa beleza
Como pode um de vós ser infeliz?

Quando nos viras as tuas costas
E a teu lado a curva não cruzamos
Como te proteger do negro da vida
Que te pode esperar a cada dia?

Quando te deitas no verde bosque
Entre os sátiros e as ninfas
Com as segundas és confundida
Pela divindade desse teu corpo.

Quando nos olhas rosto a rosto
E vemos o quão sublime és tu
Como pode um homem deixar de ver
Que a Afrodite fazes tu até inveja?

When you look at the waves of the sea
And that sea looks back at you
Who is looking and who is being looked at
In your world of beloved peace?

When you touch a brown leaf
And she feels the cold of your hands
Who is happier, that universe
Or whoever can see you at its side?

When you deviate your shy visage,
At your side lives the wind
And if he touches your beauty
How can one of us be unhappy?

When you turn your back to us
And we don't cross the curve at your side
How can we protect you from the dark of life
Which may await you each day?

When you lie in the green wood
Among the satyrs and the nymphs
With the second ones you are confused
By the divinity of your body.

When you look at us eye to eye
And we see how sublime you are
How can a man not see
That you even make Aphrodite jealous?

Choro.
Choro por te saber tão só
Neste cruel mundo dos homens
Que a triste ilusão te deitam
Como quem verte o vinho a Baco
Nas pedras brancas de um altar.

Choro.
Choro por saber o louco que sou
Em querer alterar esse teu mundo,
Essa dor que te aflige cada dia
Como quem caminha no reino de Hades
E nele encontra as muitas Medusas.

Choro.
Choro pelas feridas de teu corpo
E pelas mazelas dessa tua alma
Magoada pela mentira destes homens,
Com quem insistes em cruzar-te
Sem ver o que está a teu lado.

Choro.
Choro pelo pouco que já ainda sei
E pelo meu corpo demasiado fraco
Para levar-te às costas desta Tróia
Numa viagem às pérolas de Roma
Onde serias a maior das rainhas.

Choro. E choro. Por ti.

I cry.
I cry for knowing you are so lonely
In this cruel world of men
Who give you the sad illusion
Like one who pours wine to Bacchus
In the white stones of an altar.

I cry.
I cry for knowing how crazy I am
For wanting to change your world,
That pain which afflicts you each day
As one who walks in the realm of Hades
And in it finds many Medusas.

I cry.
I cry for the wounds of your body
And the ills of your soul
Hurt by the lie of these men,
With whom you insist on connecting
Without seeing what is at your side.

I cry.
I cry for the little that I still know
And for my body too weak
To take you on my back from this Troy
In a journey to the pearls of Rome
Where you would be the biggest of queens.

I cry. And I cry. For you.

Na tua torre de âmbar e marfim
Me urdes na alma dores sem fim
Como num paço de meus sonhos
Me dão os deuses sonhos medonhos.

Pudesse eu esquecer-te, dama,
Como mais uma outra sem chama
Que por meu louco peito se passou
E dos céus choraria pelo que já sou.

Pudesse eu esquecer-te, dama,
E do altar desta minha frágil cama
Faria voar esse meu doce som oculto
Em direcção do teu mais perfeito vulto.

Pudesse eu esquecer-te, dama,
E choraria as lágrimas de um drama
Que nesta minha memória se assiste
Nas trágicas dores que, sozinha, viste.

Mas nem estes meus olhos choram,
Nem minhas infindáveis noites te adoram
Por saber que, infeliz, creio em tuas dores
Em vez de depositar no teu regaço novas flores.

Mas nem estes meus olhos choram,
Nem os meus veros ódios te devoram
Nem tuas horrendas palavras trucidam
As falsidades que meus sonhos abrigam!

Chorassem eles, ó deuses tenebrosos,
E destes meus actos para ti tão odiosos
Aos céus imploraria pela minha vera morte
Que seria a minha maior sorte.

In your tower of amber and ivory
You wrap my soul in endless pain
Like in a courtyard of my dreams
The gods give me hideous dreams.

If I could forget you, lady,
Like one more woman without flame
Who passed by my crazy chest,
And to the havens I would cry for what I already am.

If I could forget you, lady,
And from the altar of my fragile bed
I would put to flight my sweet occult sound
Towards your most perfect figure.

If I could forget you, lady,
And I would cry the tears of a drama
Which is watched in my memory,
In the tragic pain that you alone saw.

But neither my eyes cry,
Nor my endless nights love you
For knowing that, unhappy, I believe in your pain
Instead of depositing in your bosom new flowers.

But neither my eyes cry,
Nor my true hate devours you,
Nor your horrendous words slaughter
The falsehoods sheltered by my dreams!

If they were to cry, o dark gods,
And for my acts so hateful to you
To the skies I would beg for my true death
Which would be my greatest luck.

Teu manto negro como bréu
Cada nova noite troça o céu
No quente de seu novo luar
Enquanto paira sobre teu lar.

Tuas mãos brancas como um véu
No frio tremem ao sabor do réu
Que testemunha no seio de mar
A beleza desse teu lado esvoaçar.

E cantam as estrelas ao léu
Sobre a cabeça de teu mausoléu
Enquanto sorris ao desejar
Que meus versos te saibam olvidar.

Ana, pudesse eu esquecer tua beleza
Nas ruas deste tão frágil mundo
E seríamos ambos muito mais felizes.

Ana, pudesse eu esquecer tua frieza
E no mais trágico e breve segundo
De meu corpo fechariam as cicatrizes.

Your mantle as dark as tar
Each new night mocks the sky
In the warm of its new moonlight
While it hovers above your lair.

Your hands as white as a veil
In the cold shake under the defendant
Which testifies in sea's bosom
The beauty of your flying side.

And sing the naked stars
Over the head of your mausoleum
While you smile wishing
That my verses may forget you.

Ana, could I forget your beauty
In the streets of this fragile world
And we could both be much happier.

Ana, could I forget your coldness
And in the most tragic and brief second
My body would close its scars.

Neste banco que me fere as mãos,
Cantam-me aos ouvidos as águas
E me enchem estes ouvidos sãos
Com dores das tuas frágeis mágoas.

E olho essa tua igreja sagrada
Onde canonizas o teu doce luar
Como quem deixa a pátria amada
Numas asas do mais terno voar.

E vejo tuas três casas caídas
Nos mares do passado envoltas
Enquanto te recordas das lidas
Que tocam tuas marés revoltas.

Convido-te ao luar da chaminé
Enquanto esqueces tuas dores,
Mas nunca tornas à Arca de Noé
Que de meus braços fazem flores.

In this bench that bruises my hands,
The waters sing to my ears
And fill my sane ears
With pains of your fragile sorrows.

And I look at your sacred church
Where you canonize your sweet moonlight
Like one who leaves his beloved homeland
In the wings of the tenderest flight.

And I see your three houses fallen
Enveloped in the seas of the past
While you remember your labors
Which touch your revolted tides.

I invite you to the chimney's moonlight
While you forget your pain,
But you never return to Noah's Ark
Which make my arms into flowers.

Teus lábios tão prateados,
Doces e pelos céus amados,
A que saberão eles ao acordar
De quem, honroso, te amar?

Teus seios grandes e alados,
Suavemente belos e desejados,
Que honras as de quem os tocar
Nos encantos de te fazer suar.

Teus longos cabelos intocados,
Da cor da noite tão pintados,
Só um cego os deixaria escapar
Destas terras a que chamas lar.

Teus rostos pelo céu beijados
Me deixam sem voz, quais cruzados
Que na virtude a reconquistar
Torcem por ouvir-te ao pé do mar.

E sonho-te assim, doce e divina,
Em meus braços já tão fracos
Dos quais sempre tendes a fugir.

Mas afastas-me, triste e menina,
E me atiras a hediondos buracos,
Por esta noite não te poder ouvir...

Your silvery lips,
Sweet and beloved by the heavens,
What do they taste like at the awakening
Of whoever honorably loves you?

Your big and winged breasts,
Softly beautiful and wished,
What honors are given to the one who touches them
In the enchantments of making you sweat.

Your long untouched hair,
So painted of the color of the night,
Only a blind man would let them escape
From these lands to which you call home.

Your faces kissed by the heaven
Leave me speechless, like crusaders
Who seek to reconquer virtue
And cheer to listen to you by the sea.

And I dream you like this, sweet and divine,
In my arms already so weak
From which you always tend to run away.

But you drive me away, sad and a little girl,
And you throw me to hideous holes,
Because I can't listen to you tonight...

Gloriosa como Vénus na águas
Caminhas tu em meu horizonte
E branca em toda tua fronte
Sorves de meu coração as mágoas.

Virtuosa em teu porte divino
Meus lábios beijas de carmesim
Enquanto os teus toco assim,
Devagar, num toque genuíno.

Caminhas então, criança celeste
Nos passos de teu vestido eterno
E na areia fazes traço moderno
Como no meu fraco peito agreste.

E o sol se põe em nossas almas
Como a lua em nossos corações;
Ambos choram, nessas canções
Que em tuas frontes vejo calmas...

Glorious like Venus in the waters
You walk in my horizon
And white in all your front
You absorb from my heart the pain.

Virtuous in your divine bearing
My lips you kiss with crimson
While I touch them like *this*,
Slowly, in a genuine touch.

You so walk, celestial child,
In the steps of your eternal gown
And in the sand you make a modern trace
Like in my weak and rough chest.

And the sun sets in our souls
Like the moon in our hearts;
They both cry, in those songs
That in your front I see calm...

Teus mais belos seios aí jazem,
Nessa pedra de altar crucificados,
E tua face oculta em teus fados
Aos céus a sublime honra fazem.

Ó deusa, cegos os homens vivem,
Se tua grega coluna eles rejeitam
Como quem chás ao mar ora deitam
E os mais profundos amores fingem.

Tuas mãos, essas, jazem como doces
Que os homens anseiam vir a provar
Mas que temem realmente tanto amar
Como se mais imperfeita tu fosses.

Tua fronte imaculada espero eu ter
A meu peito nesta noite encostada
Enquanto dormes do mundo acalmada
Junto a todo este meu frágil ser.

Your most beautiful breasts lie there,
Crucified in that altar piece,
And your face hidden in your fates
Make to the heavens a sublime honor.

O goddess, men live blind,
If your greek column they reject
Like one who drops tea into the sea
And fakes the deepest loves.

Your hands, those, lie like candy
That men are eager to taste
But which they fear loving so much
As if you were more imperfect.

Your immaculate front I hope to have
Leaning on my chest this very night
While you sleep calmed from the world
Next to this fragile being of mine.

Foge este tempo de meu olhar
Passando cada dia a despertar
As nódoas de meu esquecimento
E desse teu passado atento.

Frágil, minha testa dolorosa
Me magoa nesta noite gloriosa
Em que numa janela floreada
Pude ver tua beleza cruzada.

Choro. E tu, doce (e)ternamente,
Nesta minha têmpora doente,
Me fazes sonhar com teus braços
Juntos a estes meus olhares baços.

Um segundo, um só segundo eterno,
Nas margens do ténue lago Averno
E serias inesquecivelmente divina,
Essa mais bela e frágil menina.

Mas és agora uma mulher de paço,
Tão frágil e fria como o aço
E minhas memórias são dementes
Como as tuas são agora quentes...

This time runs away from my view
Passing each day awakening
The stains from my forgetfulness
And from your attentive past.

Fragile, my painful forehead
Hurts me in this glorious night
In which in a flowered window
I could see your crossed beauty.

I cry. And you, sweet and eternally[1],
In the sick temple of my head,
Make me dream of your arms
Next to my dull looks.

One second, just one eternal second,
In the margins of the tenuous lake Avernus
And you would be unforgettably divine,
That most beautiful and fragile little girl.

But now you are a woman of the court,
As fragile and cold as steel
And my memories are as demented
As yours are now warm...

---

1   The sweet pun of the original cannot be retained in translation. Essentially, in the
    original text this was a fusion of "eternamente" (i.e. *eternally*) and "ternamente"
    (i.e. *tenderly*).

Aí, sentada nessa cadeira das idades, és divina.
Teus negros olhos encantados se me escondem
Entre teus braços essa tua mais fabulosa face,
E teus rotundos cabelos de Medusa o desenlace
De teu capítulo elevam ao maior dos Olimpos.
Só, ajoelhada, com essa tua roupa de nobre fada,
Até os doze se compadecem de tuas lágrimas,
Enquanto pensas no que te dizem e no que ouves
Atrás da cortina que nos separa, e sorves o ar
Que dessas tuas pedras brotam a cada teu acordar.
Só, és eterna; comigo, serias menos que isso.

There, sitting in that chair of the ages, you are divine.
Your charmed black eyes hide from me,
Between your arms your most fabulous face,
And that round hair of Medusa, the unfolding
Of your chapter elevate to the highest Olympus.
Alone, kneeling, with your clothing of noble fairy,
Even the twelve feel pity for your tears,
While you think about what they say and what you hear
Behind the curtain that separates us, and absorb the air
That from your stones sprout at your awakening.
Alone, you're eternal; with me, you'd be less than that.

La vérité m'enchante, ô belle dame;
Comment j'aimerai de te la dire!

Dans ce lac de mes rêves je te trouve,
Seule comme Hélène dans les murs Troyennes,
Et je demande tes très fragiles mains,
Et dans ce rêve tu me las donnes,
Ma plus belle impératrice de mes sens.

Je te croyait parfaite, tendre, noble,
E je te trouvera comme ça, seulement humaine,
Sans gloire et sans choeurs des anges;
Je le savais, je te savais, féminité incarnée,
Et je aime t'aimer pour être comme ça.

Mais... fragile, je suis un poète des pauvres,
Et tu, malheureusement pour nous, es celle
Que les dieux ont choisi pour ma belle muse;
Fou, je te chante les ciels et les enfers,
Pour me sentir moins seul chaque noire nuit.

Comme le Christ, tu aussi as deux substances;
J'aime ta âme plus résistante que l'acier,
Et je désire tes douces bras dans les miens,
Mais l'univers nous tue, chaque dernière fois,
Pour être qui nous sommes dans ses temps.

Dans ce lac de mes rêves, vous laissez tomber mes mains
Et m'assassinez comme se j'étais immortel;
Je ne le suis pas, et je crie, je lamente,
Chaque moment de ta plus parfaite absence,
Parce que je t'aime pas, mais j'aime qui tu es.

The truth charms me, o beautiful lady;
How much would I love to tell you about it!

On that lake of my dreams I found you,
Alone like Helen in the trojan walls,
And I ask for your fragile hands,
And in your dreams you give them to me,
My most beautiful girl of my senses.

I thought you were perfect, tender, noble,
And I found you like that, just human,
Without glory and without the chorus of the angels;
I knew it, I knew you, femininity incarnated,
And I love loving you for being like that.

But... fragile, I am a poet of the poor,
And you, regrettably for us, are the one
The gods picked for my beautiful muse;
Crazy, I sing to you the heavens and the hell,
So I will feel less lonely each dark night.

Like Christ, you too have two substances;
I love your soul stronger than steel,
And I wish your sweet arms on mine,
But the universe kills us, every last time,
For being who we are in these times.

On that lake of my dreams, you drop my hands
And kill me as if I was immortal;
I'm not, and I scream, I lament,
Each moment of your most perfect absence,
Because I don't love you, but I love who you are.

Só.
Desta serra que me fere as entranhas
Nascem as sementes das muitas senhas
Que no teu peito maldito se afeiçoam
Ao som desses ventos que em mim soam.

Quando batem neste seio essas penhas
E dele fazem essas mais novas lenhas
De seus encantos novos pássaros voam
Como cores que no céu jamais destoam.

Pares viagens fazem laudes estranhas
Enquanto apostam fitas que desdenhas
No luar das verdes ruas que nos zoam
E logros latidos de Beethoven entoam.

Choro.
Teus lábios divinos m'arrulham dores
Como um deus que me reconta descores
Que já muito me escaparam da memória
E isso proclamam como nítida vitória.

Sonho abraçar-te em braços de amores
Como nos azuis céus cruzam os açores
Esvoaçando asados cânticos de glória
E coroando teu corpo como nova dória.

Caem-me minhas lágrimas por chorares
Nessa fonte recanta de toldos azares
Onde renasce essa doce beleza flórea
Que a meus braços tanto dá moratória.

Choro, mas não chores comigo, ó Ana...

Alone.
From this mountain that injures my entrails
Are born the seeds of the many paroles
That in your damned breast get attached
To the sound of those winds that sound in me.

When these cliffs hit this bosom
And out of it make the newest firewood
From its enchantments new birds fly away
Like colors that never clash in the sky.

Paired travels make strange lauds
While they bet ribbons that you scorn
In the moonlight of the green streets that mock us
And chant deceptive barks of Beethoven.

I cry.
Your divine lips coo me pains
Like a god who retells me indecencies
That have long vanished my memory
And proclaims them as sharp victories.

I dream of hugging you in loving arms
Like the goshawks cross the blue skies,
Flying winged chants of glory
And crowning your body like a new doric.

My tears fall because you cry
In that fountain which retells unlucky hazings,
Where is reborn that sweet flowering beauty
That to my arms gives so much moratorium.

I cry, but don't cry with me, o Ana...

Negro veludo me torna as mãos
Sempre que tuas desejo tocar,
E como o oceano me envolves
No teu turbilhão de doces folhas.

Terra e água são teu corpo
Que me foge desde sempre;
De cetim minhas mãos são
Enquanto teu seio não sentem.

E essas tuas duas caras
Alvas como as da bela lua
Me cravam as unhas negras
Neste meu peito enfermo.

Como o fogo de Prometeu
Me ardem os olhos teus
Nessas minhas lágrimas
Correntes de meu rosto.

E sozinho neste mundo,
Te quero e me foges,
Sem que nenhum tecido
Nos una em cada noite.

Black velvet turns my hands
Whenever I wish to touch yours,
And like the ocean you envelop me
In your whirlwind of sweet leaves.

Earth and water are your body
That always runs away from me;
My hands are of satin
While they don't feel your breast.

And those two faces of yours
White like the ones of the beautiful moon
Nail your black nails
In my sick chest.

Like Prometheus' fire
Your eyes burn me
In those tears of mine
Running from my face.

And alone in this world,
I want you and you run away,
Without any fabric
Uniting us every night.

Ana, em tua torre de marfim,
És a mais bela das princesas
Que os deuses ao mundo
Deram em sua ténue fantasia.

Quantos ovos, quantas chuvas,
Quantas vacas, quantos pavões,
Terão surgido entre as estrelas
Para que nascesses tu?

Mas, como Ariadne e Medeia,
Cegos são os homens para ti.

Ana, in your ivory tower,
You are the most beautiful of all princesses
That the gods to the world
Gave in their tenuous fantasy.

How many eggs, how many rains,
How many cows, how many peacocks,
Appeared among the stars
So that you could be born?

But, like Ariadne and Medea,
Men are blind for you.

No céu te imagino, ó mais bela Ana.

Vejo o possuidor do velo de ouro,
Caminhando com o pai de Astérion;
Os dois gémeos o caçam, incessantes,
Atormentados pelo caminhante de Lerna
E pelo primeiro dos leões de Alcides.
A virgem Astreia se afasta agora
Do instrumento que poisou no chão,
Enquanto o tormento de Oríon escapa
Daquele que a vida trocou pelos céus.
A figura de Amalteia auxilia agora
O transporte do vinho de Ganimedes,
Vénus e Cupido a seu lado humanos.

Ataca então o maior dos monstros,
O Caminhante Tífon dos mil braços,
Consorte da mais fétida Equidna,
Enquanto Dioniso se nos aproxima.

O céu, esse, vago então do passado,
Se ilumina como nunca até então,
Pois tu, e só tu, nessa nobre noite,
Lá brilhavas, ó mais doce Ana,
Com esses teus cabelos divinos,
Gestos geratrizes de um só sorriso.

In the sky I imagine you, o most beautiful Ana.

I see the possessor of the golden fleece,
Walking with the father of Asterion;
The two twins hunt it, incessantly,
Tormented by the traveler from Lerna
And by the first of the lions of Alcides.
The virgin Astraea now moves away
From the instrument she put down on the floor,
While the torment of Orion escapes
From the one who exchanged his life for the skies.
The shape of Amalthea now helps
The transportation of Ganimedes' wine,
Venus and Cupid human at their side.

The biggest of monsters then attacks,
The Walking Typhon of a thousand arms,
Consort of the most fetid Echidna,
While Dionysus approaches us.

The sky, then vacant of the past,
Illuminates itself like never before,
Because you, and only you, in that noble night,
Shined there, o sweetest Ana,
With your divine hair,
Generating gestures of a single smile.

Uma, no fraco Jasão pegou,
E elevou-o aos céus,
Com suas três tarefas feitas;
A outra, a Teseu deu amor
E um fio sem fim; não teria
Ela preferido o fim do segundo
E a eternidade do primeiro?
E uma terceira, frágil Ana,
Esperou duas décadas
Para morrer mais solteira
Que casada com um marido.
Qual das três és tu, deusa?

One grabbed the feeble Jason,
And elevated him to the skies,
With his three tasks completed;
The other gave Theseus love
And an endless thread; would she not
Have preferred the end of the second
And the eternity of the first?
And a third one, fragile Ana,
Waited three decades
To die more single
Than married to a husband.
Which of the three are you, goddess?

Numa passada noite, enquanto dormias,
À porta de casa quatro olhos te fitavam,
Nesse teu pijama quente e sensual
Como as ostras de Vénus nascida.

Vendo-te através da clara janela,
Cada qual te deseja em seus braços,
E de seus dois singulares poisos
Se combatem como numa guerra.

Mas tu, a mais nova Pentesileia,
Em teu descanso os ignoras,
A esses dois deuses alados
Que te amam como flechas.

On a past night, while you were sleeping,
At the door of your house four eyes stared at you,
In your pajama hot and sensual
Like the oysters of a born Venus.

Seeing you through the clear window,
Each of them wishes you in their arms,
And from their two unique grounds
They fight like in a war.

But you, the newest Penthesilea,
In your rest ignore them,
Those two winged gods
Who love you like arrows.

Um dia, frágil Ana, doente adormeces,
E em teus sonhos surge Apolo,
O magno deus de Delfos, proferindo:
"Suaves são esse teus lábios
Como as palavras dos sete sábios,
Que na Grécia tão ardente
Versos compuseram em mente.
Sorrindo, elevas-nos aos céus
Protuberantes em seus sete véus,
Como a águia esvoaçante
Atira sua presa a levante.
Teus dentes, novo marfim,
Brilham mais que um sim
Num noivo frente ao altar
Exprime todo seu amar.
Ergue-te dessa caminha
E anda em minha linha
Como uma profetisa
Tece a palavra lisa."
Acordas, e em teu peito meigo
Sabes dar-me a resposta,
Pois só tu, mesmo assim, és divina.

One day, fragile Ana, you fall asleep sick,
And in your dreams Apollo appears,
The great god of Delphi, uttering:
"Soft are the lips of yours
Like the words of the seven sages,
Who in burning Greece
Composed verses in their mind.
Smiling, you elevate us to the heavens
Hidden behind their seven veils,
Like the flying eagle
Throws her prey to the orient.
Your teeth, new ivory,
Spark more than a yes
In a groom in front of the altar
Expresses all his love.
Rise from that small bed
And walk in my line
Like a prophetess
Weaves the smooth word."
You wake up, and in your gentle breast
Know how to give me the answer,
Because you, even then, are divine.

Teus solares cabelos rugem como um leão
Quando caminha pela savana de Sintra,
E deles me aproximo eu, frágil burro,
Em meu dorso usando a pele de outrém.

Ardo então por essa tua divina face,
Como Cupido ardia pela mortal Psique,
Como Zeus fez arder a frágil Sémele,
E como o tronco ardente de um sonho.

Pois tu, Ana, ao rejeitar-me, afogas-me
Na infinidade de teus braços doces;
E teus cabelos, como os do quente Sol,
Cegam-me os olhos uma e outra vez.

Your sunny strings of hair roar like a lion
When he walks by the savanna of Sintra,
And from them I approach, a fragile donkey,
On my back wearing someone else's skin.

I then burn for your divine face,
Like Cupid burned for the mortal Psyche,
Like Zeus made the fragile Semele burn,
And like the burning trunk of a dream.

Because you, Ana, by rejecting me, drown me
In the infinity of your sweet arms;
And your hair, like the one of the hot Sun,
Blind my eyes once and again.

Ó bela Hécate dos Infernos
Esses teus lábios eternos
Nesta nossa noite ardente
Fariam de mim novo crente!

Teus cães ladram ao luar
Teus corvos voam sobre o mar
E seus breves ruidos sibilam
Enquanto por teu amor desfilam.

Minha mão em teu cabelo tirita
Enquanto meu peito por ti palpita;
E nessa tua visão negra e nua
Habita esta minha verdade crua.

O beautiful Hecate of Hell
Your eternal lips
In this burning night of ours
Would make a new believer out of me!

Your dogs bark at the moonlight
Your crows fly over the sea
And their brief noises hiss
While they parade for your love.

My hand shivers in your hair
While my chest throbs for you;
And in your dark and naked vision
Lives this raw truth of mine.

Nesses campos de Tróia Aquiles chorou
O corpo de seu Pátroclo falecido
Enquanto nestes céus por ambos gemiam
Os mais doces de todos os velhos deuses
Que aos mortais as fortunas proferiam
Naquele templo há muito esquecido
Por aquele homem que tanto os amou.

"Kleos", gritaram, em magnífico canto,
Enquanto dormias nessa terna cama,
"Kleos" a ambos, repetiram eternos,
Na meiguice desses teus sonos fraternos,
Eterna "kleos" a ambos nessa chama
Que floresce do mais estrelado manto.

Acordas, sublime, nesse pântano teu,
E esfregas teus olhos acastanhados
Na inocência de teu esquivo véu,
Como quem limpa da esfera os lados
Habitantes na alma do passado meu.

Púrpura, branca e negra em teu altar,
Ao espelho te vês sucinta e mortal,
Mas a vera lua revela-te dual
Em teus certos gestos de fada só do mar.

Olvidando deuses, Atena alada,
És a Hera que consola e que sofre,
No labirinto dessa mente cruzada.

Fechas os olhos nessa treva mais bela,
Escutando o som vindo da janela.

"Kleos", geme a serra de teus lábios...

In those fields of Troy Achilles cried for
The body of his deceased Patroclus
While in these skies moaned for both
The sweetest of all the old gods,
Who predicted the fortunes
In that long-forgotten temple
By that man who loved them so much.

"Kleos", they screamed, in magnificent song,
While you slept in that tender bed,
"Kleos" to both, they repeated eternal,
In the sweetness of those fraternal dreams,
Eternal "kleos" to both in that flame
That flourishes from the starriest mantle.

You wake up, sublime, in that swamp of yours,
And you rub your brownish eyes
In the innocence of your elusive veil,
As one who cleans the sides of the sphere
Living in the soul of my past.

Purple, white and black in your altar,
At the mirror you see yourself succinct and mortal,
But the true moon reveals you as dual
In your certain gestures of sole/lonely[2] fairy of the sea.

Forgetting the gods, winged Athena,
You are a Hera that consoles and that suffers,
In the labyrinth of that crossed mind.

You close your eyes in that most beautiful darkness,
Hearing the sound which comes from the window.

"Kleos", moans the mountain of your lips...

---

2   Again, the sweet pun of the original cannot be retained in translation. Originally,
the "só" expressed here had a double meaning, referring both to the solitude of the
fairy and the fact she only devoted her time to the sea.

70

Printed in Great Britain
by Amazon

56974917R00047